매일의 숙취
나날의 해장

잔주 시집

매일의 숙취 나날의 해장

초판 1쇄 발행 2024년 10월 07일

저자 잔주

펴낸이 장주한
펴낸곳 잔주
출판등록 제2023-000040호

이메일 drunkjanju@gmail.com
홈페이지 www.drunkjanju.kr

ISBN 979-11-983544-1-9 03810

이 책의 판권은 저자와 펴낸곳에 있습니다.
이 책 내용의 전부 또는 일부를 재사용하려면 반드시 저자 혹은 펴낸곳의
서면 동의를 받아야 합니다.

매일의 숙취 나날의 해장

작가의 말

이 인생의 하루하루는 매일 겪는 술자리 같습니다.
반기고 싶은 날이 있는 반면 그렇지 않은 날도 있습니다.

매일의 술자리를 가지고 나면
다음 날 아침, 불현듯 숙취가 찾아오기도 합니다.
인생의 고통 또한 수시로, 그것도 참 깊숙이도 찾아옵니다.

다시 보통의 날들로 돌아가기 위해 애씁니다.
포기하고 싶어도 넘어서야 할 고통이기에
이 긴 고통을 끝내기 위한 나날을 이어갑니다.

마침내 해장을 이뤄 숙취를 이겨내면
언제 아팠냐는 듯 술자리를 갖던 매일로 돌아갑니다.
이전보다는 조금 더 성숙한 모습으로요.

-
술을 빙자한 인생 이야기를 담은 시들입니다.

숙취에 고통스러워하는 이들에게

매일

내일 출근하지만 이 밤을 놓치지 않을래	14
나의 친절한 주인	16
노포	18
이모, 저 왔어요.	20
참으로 비워낼 곳	23
같은 사람	26
작업실	27
만취해도 되는 날	29
다 술 덕이다.	32
떠나감에 감사하며	34
여름 안에서 가을을 산다.	36
철새	38
잔소리	40
사계절을 등지고	43

숙취

외로움과 건배	48
껍데기의 종말	50
영원의 모순	52
그리움이라는 안주	54
필라이트	56
술 냄새	58
그대로 있을 걸	60
젖는 날	62
술로 눈물을 덮으며	64
약속 강요	67
위로주	70
우울과 춤을 상실과 수다를	72
불행할 거면 죽고 말지	74
죽는 게 낫겠어요.	76
횟감의 백일몽	78

나날

목적 없는 목적지	82
어쩌면	84
모난 사람	86
번아웃	88
내심 괜찮은 상태	90
쓰지 않는 일기	92
눈물의 모습	94
그까짓 땀	96
속마음 품어줄 이	98
버팀목	100
안식처	102
밑잔의 뜻은 두려움	104
진심은 땀 흘리는 여름에	106
발맞춰 걷기	108
죽고 싶다가도 살고 싶은 것이 인생	110
욕심은 사채 빚	111
의지의 본명은 고통	114

해장

줏대 있는 게으름	118
상처는 낫기 마련	120
연민하자 미움은 사라졌다.	122
후래자삼배	124
그대로 사랑이라	126
싫어하는 계절에	128
마음 정리	130
좋아할 일만 남았다.	132
달이 뜨면 한잔하자	134
1년 후도 어제처럼	136
받아들이기 나름	138
주말은 꼭 옵니다.	140
7년 전 메모	143
여행 왔다 생각하련다.	145
제 갈 길을 가자	147
이 세상이 꺼졌으면 한다.	149
쓰면 시가 되고 쓰지 않으면 시가 되지 않습니다.	151
메리 크리스마스	153

술을 빙자한 인생 이야기

매일

[명사] 각각의 개별적인 나날.
[부사] 하루하루마다.

매일의 술자리는 매일 다르다.

평범한 자리일 수도 있고,
하루의 낙일 수도 있으며,
고통에 가까워져 가는 과정일 수도 있다.

내일 출근하지만 이 밤을 놓치지 않을래

밤 12시, 은은한 조명이 감싸는 방 안.
창밖 대로변을 내달리는 차 소리만 들려온다.
몇 대가 지나가는지 알만큼 띄엄띄엄 귓바퀴를 스쳐간다.

이 도시에서는 이게 가장 고요한 상태이다.
자동차가 풀벌레인 듯 여겨야 평안을 얻는다.
아무 소리도 들리지 않는 잠깐의 몇 초를
드문드문 기다릴 뿐이다.

저 대로변을 내일 아침 또 내달려야 한다.
처음 보는 사람들과 버스에 욱여넣어져 내달려야 한다.
그전에 조금이라도 더 고요하고 싶어 이 밤을 놓지 않는다.

낮에 떠오르는 태양처럼 또 뜨거워져야 한다.
모두가 타오르고 입에서는 불꽃이 새어 나온다.
온몸은 그을려 따가워진다.

달아오른 나는 태양이 진 이 밤을 사랑한다.
차갑게 식어버린 아스팔트를 사랑한다.
언제 뜨거웠냐는 듯 시원한 바람에 팔랑거리는
창밖의 저 사람들을 사랑한다.

차갑게 식어버린 것들을 바라보며 한 잔.
시원하게 팔랑거리는 이들을 보며 또 한 잔.
온 밤이 식었지만 술잔은 식지 않는다.

내일 또 복잡한 버스 안에 욱여넣어져도
난 이 고요한 밤을 놓치지 않을래.
내일 또 뜨거워질 나이기에
불타 없어지지 않기 위해 식어갈래.
내일 아침 태양의 눈치에 어렵사리 눈을 떠도
나는 지금 눈 감지 않을래.

이 세상의 온도가 아니라 나의 온도 안에 머무른다.
내가 사랑하는 나의 온도를 나로서 맞춰간다.
선선한 이 밤을 나는 어련히 간직해나간다.

나의 친절한 주인

소주잔에 소주가 흘러내린다.
작은 돌 하나 던진 연못이 퍼져나가듯
소주잔엔 잔잔한 파문이 생긴다.

청아하게 꼴꼴꼴 소리를 내는 소주병의 주둥이 소리와
잔을 가득 채우는 파문은 이내 내 입안으로 흘러들어온다.
혀와 이, 입천장을 훑어 식도를 그대로 타고 흐른다.

신경들은 술에 통제 당해간다.
술의 노예가 되어간다.
이토록 부드러운 주인은 없었다.

나를 험하게 다룬 적도 있다.
차에 실려 이리저리 흔들린 적도 있다.
기억을 앗아가 버린 적도 있다.

그게 미웠다며 잔에 콸콸 쏟아붓는다.
그럼에도 또다시 잔잔하고 부드러웠다.
온갖 풍파를 겪었음에도 그랬다.

소주잔에 소주가 흘러내린다.
작은 돌 하나 던진 연못이 퍼져나가듯
소주잔엔 잔잔한 파문이 생긴다.

이 정도 파문은 문제 삼지 않겠다.
대신 못 잊을 추억 하나 선물해 주어라.
대신 못 잊을 낭만 하나 선물해 주어라.

기억을 앗아가도 추억 하나 주고 떠난다.
고통을 주면서 낭만도 하나 주고 떠난다.
이토록 친절한 주인은 없었다.

잔에 퍼지는 소주 한 줄기.
그 줄기는 나의 오늘에 퍼진다.
그 파문은 나의 내일에 퍼진다.
이 주인은 나의 매일에 퍼진다.

노포

오래된 식당의 공기를 향유한다.
흔히 말하는 사람 냄새나는 곳들.
걸쭉한 입담과 시조 한 구절이 벽에 그득한 곳들.

여기저기서 고성이 들려와도
아무렇게나 던지는 터무니 없는 농담이 들려와도
그마저도 안주라며 입술에 잔을 맞춘다.

늘어나는 술병에 나는 뜨거워져 그곳에 녹아들어 간다.
맞출 수 없는 조각들처럼 보였지만
녹아버릴 것 같은 열기에 모두가 섞여 들어간다.

그렇게 나는 여드름보다 주름에 더 익숙한
키보드보다 연필이 더 익숙한 그곳에서 달아오른다.

조금씩 그 장소와 어울리는 사람이 되어가고 있다.
오래된 곳, 오래된 사람들이 찾는 곳을 좋아하는
나 또한 오래 되어가고 있다.

시끌벅적한 대학가의 술집이 낯설어진다.
한적한 시장 골목의 식당이 낯익어간다.
나는 나이 먹고 있다.

술을 마시며 세월을 마시고 있다.
안주를 먹으며 나이를 먹고 있다.
이것들은 곧 사람 냄새를 풍길 것이다.

이모, 저 왔어요.

'이모'라고 부르지만 피 한 방울 섞이지 않았다.

어머니처럼 상 위에 음식을 차려다 주신다.
어머니처럼 한 손으로 잔을 받으신다.
어머니처럼 가끔 잔소리도 하신다.

어머니가 사는 집과는 다르게
그곳에는 모르는 사람들도 많다.
어머니가 사는 집처럼 편안한 침대가 아니라
테이블 위에 잠들어야 한다.
어머니에게는 죄송하지만 세월을 먹은 지금,
이모들을 더 자주 본다.

살던 집을 떠나 타지에 왔을 때,
괜히 집 앞을 서성일 때.
그러다 들어간 그 술집.

살던 집을 떠나 밤늦게까지 마셔도
뭐라 할 사람 하나 없을 때.
그러다 들어간 그 포장마차.

그때뿐인 줄로만 알았지.
이렇게 깊어질 줄 몰랐지.
내가 좋아하는 안주를 선뜻 내주실 줄 몰랐지.
술에 취해 같이 잔을 기울일 줄은 몰랐지.

그저 내가 지나쳐가는 손님이어도 좋다.
홀로 집을 떠난 나에게 방 한 칸 말고도
편히 머물 곳이 있는 게 좋다.
그곳에서 내가 사랑하는 이들과 함께 취해가는 매일이 좋다.

으레 형식상 가족을 이룰 생각은 없다.
서로 등 맞대 기댈 가족을 이룰 생각은 있다.
평생 곁에 없던, 오랜 시간 그 자리에 있던.
갑자기 찾아간 나를 반겨준 그곳에 안길 뿐.

인연이라 생각하면 인연.
손님이라 생각하면 손님.
이모라 생각하면 이모.
저기요라 생각하면 저기요.

기분 따라 흘러가다 마주한 이모들과
달에 몇 번, 몇 마디는 나누련다.
그리고 종종 어머니에게 가는 길
좋은 술 한 병 사 가겠다.

참으로 비워낼 곳

한여름, 비우고 싶어 속초로 떠났다.
예상과 다르게 그곳은 나를 더 꾹꾹 눌러 담는다.
쉬지 않는 카메라들, 목소리들, 발걸음들.

나는 그곳을 떠나 속초의 속초로 향했다.
정처 없이 걷다 도달한 그곳.
낯선 분위기, 낯선 풍경.

한여름, 속초의 어느 한 골목.
그저 도시를 떠나려 온 사람들은 없다.
그곳에 있던 사람들만 있을 뿐.

낯설지만 낯익은 사람들.
낯설지만 낯익은 광경들.
비로소 숨을 내쉴 때마다 비워져 간다.

허기를 채우려 들어간 허름한 식당.
어떤 어머니는 어린 아들에게 국을 식혀 준다.
식당 밖에서는 동네 사람들의 수다 소리가 들린다.

국물 한 입에 소주 한 잔 삼킨다.
선풍기 바람 휑하게 쐬며 또 한 잔 삼킨다.
동네 사람들의 말소리를 안주 삼아 한 병을 비운다.

아직 파도 소리를 듣지 못했다.
아직 바다 내음을 맡지 못했다.
아직 푸른 항구를 보지 못했다.
나는 속초에 있는 속초에 있다.

배는 채웠지만 응어리 조금 버렸다.
골목은 한적하지만 기분 조금 채웠다.
대화는 적지만 마음 조금 나아졌다.

가벼워진 채 속초로 떠난다.
다시 조금 눌러 담은 채로 서울로 향한다.
속초에 있던 속초를 떠올리며.

또 채워 넘쳐지게 될 때 어디로 갈까.

목포의 목포로 갈까. 교토의 교토로 갈까.

아무렴.

넘칠 때쯤 정하는 걸로 하자.

같은 사람

음악 소리만이 고요한 집 앞 카페.
후줄근히 앉아 자판을 두들기는 사람.
모자를 푹 눌러쓰고 안경으로 눈까지 가렸다.
그저 지나가는 사람이겠거니.
다시 내 시선을 가져온다.

아우성치는 도시의 한 술집.
화려함을 한껏 뽐내며 술잔을 든 사람.
잔을 내려 긴 손가락으로 머리칼을 넘길 때 눈을 마주친다.
왠지 지나쳐 가긴 아쉬워
내 시선을 그곳에 머물게 한다.

우연히 마주친 그 사람.
대화 몇 마디 듣다 보니 고요한 집 앞 카페를 좋아한다더라.
모자와 안경을 좋아한다더라.
그럼에도 주변 시선을 잘 느낀다더라.

작업실

홀로 찾는 술집은 나에게 작업실입니다.
그곳에서는 사색이 모여듭니다.
그리곤 생각의 꼬리들을 하나씩 잡아갑니다.

항상 들리는 사람들의 꼿꼿한 말소리보다
술집에서 들리는 혀 꼬부라진 소리가 더 편안합니다.
항상 들리는 요즘 노래보다 술집에서 들리는
옛 노래와 에어컨 바람 소리가 더 익숙합니다.

술집에는 어찌 이렇게 불만과 화가 많은지.
언제부터 그랬는지 모르겠지만 가끔 파열음이 들려옵니다.
근데 그게 참 흥미롭습니다.

혼자 있는 집에서는 항상 맡던 냄새와 조명에 지루합니다.
지루한 그곳을 떠나 자리 잡은 카페에서는
얼음컵을 타고 흐르는 물방울마저 신경 쓰입니다.

술집을 가면 나는 소주와 안주만 왔다 갔다 합니다.
나만의 세상은 그렇게 펼쳐집니다.
나의 세상은 술집에 있습니다.

주정뱅이 하나 오늘도 술집에 청승 떨러 갑니다.
술 좀 끊으라며 손가락질 받아도
사색의 지표라 여기며 갑니다.
소주 한 잔에 생각하고 안주 한 입에 적어나갑니다.

홀로 찾는 술집은 나에게 작업실입니다.

만취해도 되는 날

보기 싫다고 그만 가라 했다.
네가 오면 나는 눈이 부시다.
반만 내보여라.

그러자 해는 반쯤 얼굴을 내보인다.
본모습처럼 해맑지도 않다.
안 보일 때처럼 어두컴컴하지도 않다.

어슴푸레한 이 새벽.
길거리엔 사람이 없다.
아니, 없다고 느꼈다.

한 발 한 발 어깃장 놓으며 들이민다.
그래봤자 꺼져가는 가로등만 바라본다.
방 한 칸에 혼자인 듯 이 거리는 내 것이다.

노랫말을 불러낸다.
허공에 나부끼며 몸짓을 펼친다.
이 거리는 나의 무대다.

열창한 무대에 지쳤을 무렵 관객들이 보인다.
이 무대 위로 흐트러진 쓰레기들을 쓸어내는 이들.
이 무대의 조명을 켜려는 이들을 위해 밥을 짓는 이들.
그들을 본 나는 황급히 이 무대를 마친다.

이들을 보기 전에 잠들었어야 했다.
뭐가 그리 신났는지 해도 보았다.
뭐가 그리 좋았는지 해롱거린다.

어슴푸레한 이 새벽, 이 시간이 아니면 언제 마주치려나.
평소라면 눈을 감고 있을 이때,
기분 좋은 날 또 잔뜩 취해 보오련다.

눈을 감고 주말의 한가운데에서 깨어나면
보기 싫던 해도 반갑게 마주하겠다.
깨끗한 거리로 나아가 따뜻한 국밥 한 그릇 하겠다.

이걸로 됐다.

시간은 버려지지 않았다.

낯선 풍경을 마주하던 새벽을 주워왔을 뿐.

밝은 무대가 태어나던 순간을 주워왔을 뿐.

다 술 덕이다.

오늘 밤도 술에 취한다.

거리에서 흥이 올라 뛰어다니다 넘어져 무릎이 까진다.
해변에서 뒹굴다 모래가 바지 속으로 한 움큼 들어간다.
비를 흠뻑 맞다가 코를 훌쩍거린다.

좀 까지면 어떻고, 좀 더러워지면 어떻고,
좀 훌쩍거리면 어떤가.
그 순간들만큼은 맨정신의 상처들보다 말끔했다.

술 한 방울 안 마시고 운동을 하다가 뼈가 부러졌다.
멀쩡하게 길을 걷다가 돌부리에 걸려 흙밭에 넘어졌다.
퇴근길에 우산이 없어 비를 쫄딱 맞았다.
세상이 원망스럽다.

차라리 취했어야 했다.
꼿꼿이 참아내 취하지 않았지만 차라리 술을 탓하고 싶다.
이 세상에 남은 탓은 내 탓밖에 없다.

오늘 밤도 술에 취한다.

돌아가는 이 거리 횡으로 가로젓는다.
푹푹 들어가는 해변의 모래와 어깨동무한다.
차갑던 빗방울들 끌어안아 내 품에 안는다.

좀 까지면 어떻고, 좀 더러워지면 어떻고,
좀 훌쩍거리면 어떤가.
다시 일어나 옷가지를 탈탈 털고 술을 마시러 간다.

흐트러져 절망에 이르면 다 네 탓이다.
흥이 올라 환희에 이르러도 다 네 탓이다.
마시지 않으면 다 내 탓이다.

오늘 밤도 술에 취한다.
절망과 환희를 비틀거리며 오간다.
오늘 밤 취하지 않았으면 오갈 일 없던 이 길들을.

떠나감에 감사하며

오늘 비가 온다고 했다.
그 약속을 지키려는 듯 빗방울들은
이내 창문을 두드리기 시작했다.
반가운 마음에 서둘러 나갔다.

드디어 왔구나.
기다렸던 비가.
비를 안주 삼아 소주 한잔하겠다며 우산을 챙겨 맞이한다.
당장의 갈증만 해소하라는 듯 찔끔 내리지만
그마저도 반가워한다.

평소에 들리지 않던 '투두둑' 소리가 들리는 이날.
평소에 나지 않던 기분 좋은 비린내가 나는 이날.
평소 같지 않은 특별한 이날들을 나는 참 좋아한다.

그렇게 기다려왔는데 이 비는
찰나의 행복만 간 보고 더는 오지 않았다.

바닥에 떨어진 비는 냄새와 습기만 남겨놓고 떠나갔다.
당장 집으로 돌아갈 수 있었지만
그마저도 즐겨보겠다며 걸었다.

비가 더 내렸으면 좋았을 텐데.
아쉬움과 어깨를 맞대고 산책길을 거닌다.
우산 하나 안 썼다고 자유로워진 두 손으로
괜히 공기를 잡아본다.

그 길을 걸으며 든 생각들을 끄적여도 본다.
10분 남짓, 내 두 손은 쉴 새 없이 핸드폰 액정을 두들겼다.
이러라고 빨리 떠나갔을까.

생각을 다 정리하고 맑게 갠 하늘을 바라보며 눈을 씻는다.
오랜만에 어머니에게 전화를 걸어
거기는 아직 비가 오냐며 안부를 묻는다.
시장을 거닐다 어린 시절 좋아했던 사라다빵도 샀다.

빗소리에 술 한잔 못했지만 떠나줘서 고맙다.
다음에 또 창문을 두드리면 반가워할지 모르겠다.
그래도 오늘은 떠나가길 잘했다.

여름 안에서 가을을 산다.

여름과 닮은 사람인 줄로만 알았다.
뜨겁고 욕심이 많은 사람.
어디를 가든 낯선 이들과 웃으며 떠드는 사람.

사실 그렇지 않았다.
집에서 혼자 술을 마시며
옛 편지를 읽고 훌쩍이는 사람이었다.

슬픔은 사치라 생각했는데,
쓸쓸한 영화의 엔딩 크레딧이 다 올라갈 때까지
고개를 들지 못하는 사람이었다.

항상 당차야 하고, 슬퍼하는 모습을 보이면 안 되고,
어떤 시련이 있어도 이겨내야 하는 사람인 줄로만 알았다.

그렇지 않았다.
그럼에도 불구하고 이겨낼 뿐이었다.

정작 뜨거운 건 내가 아니라 나의 눈물이었을 뿐.
나는 내가 여름인 줄 알았는데 가을이었다.

열정적으로 땀 흘리는 사람인 줄로만 알았는데,
선선한 바람을 맞으며
푸른 하늘을 보고 싶어 하는 사람이었다.

여름처럼 살 것이다.
하지만 항상 가을일 것이다.

철새

술집에서 나날을 보낸다.
행복한 날들이다.
그날들이 계속되면 물리는 날도 있다.

익숙하게 잔을 잡던 손가락이 벌게진다.
달게 마시던 소주가 내 속을 어지럽힌다.
그럴 땐 잠시 매일 찾던 술집을 떠난다.

어느 날은 미뤄뒀던 영화를 튼다.
또 어떤 날은 천 따라 뜀박질을 한다.
이날들이 계속되면 물리는 날이 있다.

영화를 보며 잔에 얼음과 보드카, 토닉워터를 따른다.
아직은 손가락들이 소주잔을 잡고 싶지 않다 한다.
뜀박질을 끝내고 캔맥주 하나 시원하게 넘긴다.
아직은 목구멍이 소주를 넘기고 싶지 않다 한다.

영화를 보며 잔에 얼음과 소주를 따른다.
이제 손가락들이 소주잔을 그리워하기 시작한다.
뜀박질을 끝내고 캔맥주 한 모금 비워 소주를 따라 마신다.
이제 목구멍이 소주를 품고 싶어 하기 시작한다.

매일 앉던 모니터 앞이 물리는 날들이다.
실컷 뛰던 청계천 길이 물리는 날들이다.
그리 물렸던 술자리가 고파지는 날이 왔다.

다시 찾은 이곳, 이 편한 곳을 왜 이리 멀리 떠나 있었나.
손가락으로 소주잔을 잡아 목구멍으로 친히 대령한다.
모세혈관까지 다다른 소주는 쾌재를 지른다.
불과 며칠 새지만 말이다.

살아가기 위해 움직인다.
소주가 단 계절엔 술집에 서식한다.
소주가 쓴 계절엔 모니터 앞에 서식한다.
다시 술집으로 돌아가기 전, 청계천에 서식한다.

마음 편한 곳 하나 정해 머물고 싶지만
떠돌며 살아가야 하는 인생인가 보다.

잔소리

"술 좀 줄여라."
그럼 비워진 세상은 무엇으로 채워야 하나.

"건강에 좋지 않다."
마시지 않으면 더 아플 인생이다.

"다른 것들을 해봐라."
도대체 무엇을?

그 삶을 살아라.
난 나와 술자리를 하는 이들과 함께 할 것이다.
내가 사랑하는 것들을 할 것이며
나와 함께 하는 이들을 사랑하련다.
그렇게 살아갈 것이다.

"그럼 그들과 함께 오래 지낼 수 없다."
하루는 글을 쓰고 하루는 땀을 흘릴 것이며
그리고 또 하루는 술을 마시련다.
그렇게 살아갈 것이다.

"넌 중독이야."
함께하는 이들에게 중독됐다.
그 자리에 중독됐다.
그 중독을 위해 살아갈 것이다.

"그래 그렇게 살아라. 네가 선택한 길이다."
너와 같은 길을 걷는 이들과 행복해라.
우리는 우리의 길을 갈 테니.

"다음 날 후회하지 마라."
좋아하는 것을 하고 후회한다면 난 그걸 싫어할 것이다.
너에게 그만 하라 하지 않을게.
나와 대화하는 너도 내가 사랑하는 사람이니.

다른 길을 걷는 네게 종종 안부를 전할게.
소식이 들리지 않는다면 내가 잘못된 길을 걸었다고 여겨라.
그때 와서 향이나 하나 꽂아줘라.
부디 내가 먼저 가서 꽂는 일이 없게만 해줘라.

때가 되면 어딘가의 교차로에서 마주치겠지.
때가 되면 같은 길을 걸을 수 있겠지.
지금은 잘 걷고 있으니 걱정 마라.
술잔을 흘긴 뒤 부단히 땀 흘리고 있다.

사계절을 등지고

창밖을 지나쳐만 가던 국밥집.
겨울에는 김 서린 창에 아른거리는
거뭇한 형체들만 힐끗 쳐다봤다.
봄과 가을에는 하늘을 보느라 자세히 볼 여유조차 없었다.
여름엔 들어가지 않아도 느껴지는 열기에 피해만 갔다.

사계절을 찾지 않던 그 집.
사계절 같지 않던 어느 날, 홀로 그 집의 문을 열었다.
평소처럼 갈 곳도, 바라볼 하늘조차 없던 계절이었다.
그곳의 공기는 여느 계절 같지 않았다.

발걸음을 디뎌 고개를 드니
몇몇의 내가 한 명 한 명 앉아있다.
나무 테이블 위에는 뚝배기 하나, 초록병 하나가 앉아있다.
그리고 모두가 한 방향을 향해 앉아있다.

바깥 창을 등지고 벽을 향해 앉아 국물 한 숟가락.
그리고 소주 한 잔, 건더기 한 입, 소주 한 잔.
깍두기 한 입, 소주 한 잔.
크게 한 숟가락 입에 넣은 뒤 소주 한 잔.

이곳의 계절은 그렇게 흘러가나 보다.
봄에 꽃구경을 하듯 여름에 바다를 보듯.
가을에 하늘을 보듯 겨울에 눈송이를 맞듯.
허공을 바라보며
수저 한 벌과 소주 한 잔으로 목젖을 적신다.

사계절 같지 않던 날, 홀로 찾은 그곳.
그곳에 있던 각자의 이들은
이름 모를 계절 안에 앉아 흐느끼고 있었다.
그리곤 마치 짝을 지으면 안 되는 계절처럼
모두가 홀로 앉아 눈도 마주치지 않는다.

무슨 사연이 있었는지 묻지 않는다.
홀로 국밥에 소주 한잔하고 싶은 계절이 있다.
기쁨을 고독히 여길 계절 있고, 슬픔을 뒤로할 계절 있다.
이 계절이 사계절의 도피처였을까.

이 계절의 문을 열고 나가면 사계절에 소주 한잔
편히 못할 사람처럼 서둘러 초록병을 비워낸다.
그리고 다시 사계절로 돌아가 그 시간들을 비워낸다.

사계절에 보이지 않는 계절 하나 있다.
사계절이 아니라 오계절이 존재할지도 모른다.
사계절을 함께하는 이들에겐 오계절을 숨긴다.
기쁨도 슬픔도 삼켜낼 그 계절을 간절히 기다리며.

숙취

[명사] 이튿날까지 깨지 아니하는 취기.

매일 갖던 술자리는 불현듯 숙취를 가져왔다.
하루의 낙인 줄로만 알았던 매일이 고통을 만들었다.

이 인생은 수시로 고통에 휩싸인다.
슬픔, 그리움, 상실, 우울 따위들을 동반한 채로.

외로움과 건배

방 한 칸에 홀로 남아 외로움을 삼켜낸다.
하도 삼켜 체기가 올라오려 할 때 소화라도 시켜보자며
주섬주섬 신발을 신는다.

바깥바람에 외로움이 조금씩 씻겨나가는 듯하다.
하지만 겉에 묻은 것들만 흩어져 날아갈 뿐.
가슴 한 편에 똬리를 튼 것들은
날아가지 않으려 엉겨 붙는다.

길거리에는 웃는 사람들이 스쳐간다.
술집 앞 테이블에는 떠드는 사람들이 모여있다.
그나마 조금 날아갔던 외로움은 돌아와 나를 부둥켜안는다.
잠시 씻겨나갔던 시간 동안 더 외로워졌나 보다.

그것들마저 정들었다고 힘껏 끌어안는다.
길거리의 소란을 뒤로 한 채 이어폰을 깊게 꽂고
시끌벅적한 그들 곁을 태연하게 지나간다.

체기가 내려간다.
또다시 외로움을 먹는다.
그리고 외로움을 소화시킨다.
다시 먹는다.

그렇게 외로움은 영양분처럼 내 몸에 흡수된다.
그렇게 내가 만들어진다.
그렇게 외로움을 곱씹는다.

이제는 뱉어내려 하지 않겠다.
너 또한 나의 일부이다.
네가 없다면 나는 내가 될 수 없다.

항상 행복하기만 할 수는 없으니 너와 함께 가련다.
너를 벗겨내려 밖으로 나가지 않아도 괜찮으니
같이 잔이라도 부딪쳐 줘라.
떨어지지 않을 거면 그 정도는 해줘라.

잔을 부딪쳐주며 말해줘라.
어디서 왔고, 왜 왔으며, 왜 가지 않는지.
대답 없는 너와 잔을 부딪친다.

껍데기의 종말

가면 쓴 세상 맨얼굴로 살아간다.
껍데기 덮은 세상 맨몸으로 살아간다.
나 홀로가 아니라 다행이구나.

벗기고 벗겨내다 원시로 돌아가는 것 아니냐.
차라리 그랬으면 좋겠다.
거슬러 올라 나뭇잎 하나 걸치던 때가 돌아오면 좋겠다.

아니, 차라리 종말이 왔으면 좋겠다.
그러면 가면도 필요 없을 텐데.
그러면 껍데기도 필요 없을 텐데.

군더더기 없는 표정에 가면을 더한다.
나무랄 것 없는 몸짓에 껍데기를 더한다.
가면에 껍데기를 더한다.

덮어내고 덮어내다 묻혀가는 것 아니냐.
차라리 그랬으면 좋겠다.
저 멀리 나아갔을 때 날 것의 모습들이 더 두드러질 텐데.

아니, 차라리 종말이 왔으면 좋겠다.
그러면 가면과 맨얼굴의 구분이 없을 텐데.
그러면 껍데기와 맨몸의 구분도 없을 텐데.

영원의 모순

끌려나간 술자리.
빨리 끝났으면 하는 이 자리.
이곳을 떠나 한시 빨리 커튼을 치고 싶다.

익어가는 술자리.
영원했으면 하는 이 자리.
이곳을 떠나 하는 수 없이 커튼을 친다.

원하는 순간은 영원하지 않다.
원치 않는 순간은 영원히 온다.
영원히 원하려 원치 않는 순간을 영원히 마주한다.
사라질 잔이 소중해질까 부시진 못하겠다.

영원할 잔이 영원하리라 장담 못하겠다.
나는 끝끝내 이루지 못함을 감내한다.
그렇게 이뤄낸다.

간직하고 싶은 것은 왜 영원하지 못하나요.
저 멀리 던져버리고 싶은 것들은 왜 영원한가요.
내 마음은 영영 온전치 못할 건 가봐요.

이 밤을 영영 고통스러워한다.
이 밤을 영영 누려나간다.
그렇게 이뤄낸다.

그리움이라는 안주

이는 안주를 씹는다.
혀는 안주의 맛을 느낀다.
목은 잘게 흩어진 안주를 삼킨다.

머리는 이 안주를 함께 먹던 당신을 떠올린다.
눈앞엔 이 안주를 먹여주던 당신이 아른거린다.
가슴은 이 안주와 함께 하던 그때의 떨림을 가져온다.

통조림 황도 뭐 그리 대단한 안주인가.
마트에서 산 햄 썰어 구운 게 뭐 그리 대단한 안주인가.
질긴 고기 씹는다고 얼마나 부드러워지겠나.
이런 태도가 될 때면 안주는 그저 술과 우리를 잇는
매개체로만 여겨진다.

안주를 씹는다.
추억을 씹는다.

안주를 씹는다.
그리움을 씹는다.

그렇게 씹어삼켜 없앤다.
그럼 무엇할까.
입맛 있을 때 그리 맛있던 것들도 초라해 보일 뿐인걸.
입맛 없을 때 그나마 먹히던 것들도 물보다 못한걸.

그 추억, 그 그리움 없애려 소주로 입을 헹궈 삼킨다.
후레쉬로 안되면 오리지널로 헹궈 삼킨다.
그러다 다시 토해낸다.
그러다 다시 그리워한다.

차라리 맛있는 안주를 먹으련다.
너무 맛있어서 씹을 겨를도 없이 삼켜버리게.
그러다 이 안주를 건네주고 싶다.
그러다 다시 그때의 안주를 찾는다.

안주를 얼마나 삼켜야, 술을 얼마나 삼켜야 잊힐까.
그냥 그날들도 안주로 삼으련다.
평생 가져갈 안줏거리 싸게 얻었다 생각하련다.

필라이트

혼자 캔맥주를 마실 때면 필라이트를 자주 골랐다.
싸니까.
맛이야 뭐 비슷하겠지.
주섬주섬 챙겨 편의점 봉다리에 가득 담는다.

너와 만날 때면 맛있는 음식을 먹고, 좋은 술을 마셨다.
사실 그렇게 맛있었는지 좋았는지도 모르겠다.
그저 네가 좋아했기에 좋아했는지 모르겠다.

늘 그랬다.
많은 시간이 모자랐다.
항상 미흡했다.

솔직하게 그랬다.
맞춰줄 수 없었다.
그렇게 끝났다.

난 필라이트를 마셨다.
좋아한 게 아니었다.
다른 맥주와 가격을 비교해 좋았을 뿐.
그것 조금 아껴 너와 마실 술 하나 더 사고 싶었을 뿐.

이제 겨우 카스 라이트를 마신다.
이제 좀 괜찮아졌다고 비싼 술을 사 마시고 싶었는데,
힘을 다해 카스 라이트를 산다.
주섬주섬 챙겨 편의점 봉다리에 가득 담는다.

다이어트 중이라고 변명하며 카스 라이트를 마신다.
카스 라이트는 항상 할인을 하더라.
고작 몇백 원, 몇천 원 차이들.

넌 지금 원하는 술을 마시고 있을까?
나는 아직도 카스 라이트를 마신다.
그래도 이제 필라이트는 안 마신다.

부디 좋은 술을 마셔라.
네가 가장 좋아하는 사람과
네가 가장 좋아하는 술을 마셔라.

술 냄새

좋은 냄새.

나의 품에 힘껏 코 박았을 때 나던 그 냄새.
소파에 푹 눌러 앉을 때 퍼지던 그 냄새.
술 냄새와 입 냄새가 섞여 나던 그 냄새.

그 어떤 향수보다 매혹적이고
그 어떤 상황도 영화로 만들던 그 냄새.

웃을 때 내뱉던 숨에서 마저, 흘리던 눈물에서 마저,
손을 잡는 그때마저 난 그 냄새가 났다.

향기라는 말보다 냄새라고 표현하고 싶은 그것.
무더운 날 나던 땀 냄새도
종일 비에 젖어 나던 발냄새마저도.

그저 좋아서였을까.

남들에게는 향기가 아닌
나에게만 향기였던 그 좋은 냄새.
이제 다 날아가고 없지만 가슴 속에 남아있는 그 냄새.

언젠가 가슴 속에서도 날아갈까
홀로 취한 밤 가슴을 움켜잡고 그 냄새를 끌어모은다.
술 냄새만이 에워싸도 다시 그 냄새를 끌어모은다.

그대로 있을 걸

항상 고독함.
사랑이 지나쳐갔는지도 모른다.
항상 공허함.
사랑이 왔다 간 것도 잊어버린다.

뒤늦게 사랑을 찾아 헤매지만 사랑을 망각했다.
붙들어 매고 물어볼 수 있나?
그 짓까진 못하겠다.

문을 닫는다.
글과 사랑한다.
술과 사랑한다.

이것들을 위해 문을 열어놓는다.
이 열린 문 누가 좀 봐달라 아우성치다 다시 닫는다.
그리고 문밖으로 나간다.

몇 걸음 걷다 뒤돌아 다시 돌아온다.
이 길이 이리 흉측했었나.
이 문이 이리 허름했었나.

비질을 하며 길을 닦는다.
망치를 들어 문을 고친다.
다시 사랑을 마주할 준비를 한다.

아무도 오지 않는 길을 다시 훑어본다.
아, 길을 닦는 동안 문을 고치는 동안
모든 이들은 샛길로 지나쳐갔다.

샛길로 통하는 길을 내기 시작한다.
길을 내고 뒤돌아보니 다른 길로 모든 이들 지나간다.
술에 취한 것처럼 지나쳐가는 것을 보면서도 잡지 못한다.

다시 문을 닫는다.
글과 사랑한다.
술과 사랑한다.
차라리 허름한 문 활짝 열어 놓고
그대로 기다릴 걸 그랬나 보다.

젖는 날

울고 싶지 않다.
사람들과 있을 때 울면 이목이 쏠린다.
조용한 집에서 혼자 울면 처량하기 그지없다.

울고 싶지 않다.
울고 있는 나를 아무도 보지 않았으면 좋겠다.
우는 순간이 적막하지 않았으면 좋겠다.

비가 세차게 오는 날 울련다.
아무리 힘차게 울어봤자 빗줄기만 할까.
아무리 소리 내어 울어봤자 천둥소리만 할까.

비가 세차게 오는 날 울련다.
뜨거운 눈물, 비가 식혀줬으면 한다.
가슴 한 편 자리 잡은 물웅덩이를 일렁이게 해줬으면 한다.

울고 싶다.
울기 위해 비 오는 날을 기다린다.
비에 젖어 울고 싶다.

어깨가 젖었을 때 소주를 들이켜 흠뻑 적시련다.
참아왔던 것들 더 참을 수 없다.
흠뻑 젖는 날도 있으면 좋지 않나.

어차피 빗줄기에 섞여 흘러내릴 것이다.
어차피 빗소리에 파묻혀 들리지 않을 것이다.
아무도 모르게 젖는 날도 있으면 좋지 않나.

술로 눈물을 덮으며

소중한 것을 잃었을 때
이어폰을 깊게 꼽아 일부러 슬픈 노래를 들었습니다.
겉에서 보기엔 티가 안 났겠지요.

집에 돌아와 일부러 슬픈 영화를 찾습니다.
소주 대신 보드카를 잔에 따라요.
한 잔 마시고 너무 독해 오렌지 주스를 붓습니다.

영화 한 편이 끝나갈 때쯤,
한 만 원 정도 하던 1리터짜리 보드카는 절반이 비워졌어요.

내 몸은 수분을 다 잃었겠네요.
술을 많이 마셔서 그렇다 하면 되겠네요.
슬픈 영화를 보며 흘린 눈물은
비워진 보드카 병을 다시 채울 만큼이었지만요.

버스 차창을 바라보며 들었던 노래 가사도 생각이 납니다.
이제 보드카 병이 넘치겠어요.

나는 슬픈 노래의 주인공이 됩니다.
나는 슬픈 영화의 주인공이 됩니다.
그래야 내 슬픔이 미화가 돼요.

나는 슬픈 사람이 아니에요.
슬픈 노래와 슬픈 영화에 나오는
주인공에 몰입했을 뿐입니다.
잠시 슬픔을 느껴보려 노랫말에 끄덕였고,
담담하게 슬픔을 연기했어요.

그게 다입니다.
그렇게 받아들일 겁니다.
어느 누구도 믿지 않아요.
주인공이 돼보고 싶어 한 짓들입니다.

눈물은 내 뺨을 따뜻하게 어루만졌습니다.
보드카는 내 몸을 따뜻하게 달궜습니다.
이 둘에게 내 몸의 수분쯤은 내어줄 수 있어요.

내일은 눈이 붓겠네요.
괜찮아요.
눈물에겐 미안하지만 보드카 때문에 부었다고 하면 돼요.

모자를 눌러쓰고 안경으로 붓기를 가리면
나는 아무렇지 않은 사람입니다.
아무렇지 않게 살아갈 것입니다.

슬픔을 옮기고 싶지 않을 때가 있습니다.
슬픔을 나눌 사람이 없을 때도 있습니다.
나는 그때마다 홀로 붓겠습니다.

슬픔은 지난밤 다 흘려보냈습니다.
슬프게 보지 않아도 됩니다.
평소처럼 같이 웃어주세요.

뒤늦게 슬퍼오면 노래를 듣고, 영화를 보고,
보드카를 마시겠습니다.

약속 강요

오늘은 집에서 혼자 마시고 싶습니다.
다음 주는 퇴근하고 글을 써야 할 것 같습니다.
다음 달은 아직 신경 쓸 겨를이 없습니다.

당신들이 보고 싶지 않은 건 아닙니다.
나는 나와 술을 마시고 싶은 날이 있습니다.
진심 어린 위로를 건네는 이와 마시고 싶은 날이 있습니다.
꽉 채운 일상의 틈에 내 멋대로
잠깐 마시고 싶은 날이 있습니다.

한밤중에 취해서 전화해도 괜찮습니다.
퇴근 5분 전에 연락해도 괜찮습니다.
우리가 만날 거라면 그 시간은 맞아갈 겁니다.
우리가 만나지 못할 거라면 그 시간은 어긋날 겁니다.

만나고 싶어도 못 만나는 이들이 있습니다.
만나지 않아도 괜찮은데 항상 만나는 이들이 있습니다.
우리의 시간은 다른가 봅니다.

계획적이지 못해 미안합니다.
내 나날들이 어수선해 미안합니다.

이 사과를 받아들여주면 좋겠습니다.
우린 언젠가 만날 테니.
이 사과를 받아들이지 않았으면 좋겠습니다.
우린 이제 그만 만나야 할 때이니.

누구의 잘못이라 말하지 말아요.
우리의 시간이 다를 뿐입니다.
마시고 싶지 않은 날에도 함께 했어요.
쉬고 싶은 날에도 함께 했습니다.

술을 마시며 위로를 건넸습니다.
다음 날 힘들어했습니다.
그렇지만 좋아했지요.

이제 그만해요.
우리는 다른 사람입니다.
사람 하나 줄여 내 시간을 얻어가겠습니다.

변했다고 하지 말아요.
우리의 시간이 다를 뿐입니다.
언젠가 만날 날 기다렸어요.
몇 년이 지나 만나도 안아주려 했습니다.

서로 따뜻해질 때쯤 다시 시원하게 한잔해요.
잔이 맞아 한잔할 날 오겠지요.
그렇게 살아갑시다.

위로주

도망가고 싶을 때 널 만난다.
도망갈 수 없기에 널 만났다.
너는 내 안에 들어와 지금을 잊게 해주었다.

돈이나 많았으면 남모를 어딘가로 도망갔겠지.
시간이나 많았으면 잠깐 멈추었겠지.
그치만 나는 여유가 없었다.

어두운 조명 아래 너를 삼키는 것이 나에겐 도피였다.
조금이라도 취하면 잊게 해주더라.
힘든 아침이 오면 정신없이 살아가게 해주더라.
하루하루를 그렇게 연명한다.

내 말 받아줄 이 하나 없을 때 받아줘서 고맙다.
내 맘 헤아려 줄 이 하나 없을 때 받아줘서 고맙다.
이런 너를 끊고 싶지만 계속 받아줘라.
나는 계속 도망가고 싶어질 것 같다.

어디 멀리 떠나지 않은 게 다행이다.
언젠가 돌아오지 않을 것처럼 사라지지 않은 게 다행이다.
네가 없었으면 어쩔 뻔했냐.

널 이런 식으로 만나고 싶지 않은 날이 왔으면 좋겠다.
그러다가도 도망가고 싶지 않을 때 너를 초대하고 싶다.
나는 이제 안착했다고.
도망가고 싶은 세상에 자리 잡았다고.

세상은 변하지 않더라며 너털웃음을 내고 싶다.
오지 않을 것 같은 날이 왔다며 실컷 떠들고 싶다.
제발 부탁이니 하나 남은 너 하나 사라지지 말아줘라.
여태 위로를 해주던 네가 그때는 축하를 건네줬으면 좋겠다.

나는 내일도 도망가지 않으려 나아간다.
그러니 너도 어디 가지 마라.
도망가고 싶지 않을 때 기분 좋게 삼켜줄 테니.

우울과 춤을 상실과 수다를

여느 때와 같은 길을 몇 날 며칠째 걷고 있다.
권태와 피로가 찾아와도 이겨내려 걷고 있다.
낯선 감정이 다가와도 꿋꿋이 알은척했다.

이 어줍잖은 행태에 나는 어려졌다.
코앞에 하나 보이는 길마저 가고 싶지 않다.
새까만 동굴에 들어가 아무 길도 보고 싶지 않다.

그만 걷겠다.
나는 이제 동굴로 찾아들어간다.
나오지 못할 거란 만류를 만류한다.

반짝이는 신기루였으면 기분이라도 달랐을까.
왜 하필 어둡고 음침한 동굴만 눈에 보일까.
회피가 아니라 탐험이라며 동굴 속으로 들어간다.

낯선 우울과 상실이 찾아왔다.
악이라 생각했던 것들이 꽤나 친근하게 다가왔다.
친근해진 악들을 한껏 품어본다.

우울과 춤을 췄다.
상실과 한참을 떠들었다.
우울과 상실은 모두가 피했기에 우울하고 외로웠다.
동굴 밖에서는 그 사실을 모르겠지.

우연히 마주한 감정들.
우연히 마주한 상황들.
그들로 인해 우연은 필연으로 이어졌다.

이해 못 할 길을 계속 걷는 게 필연이 아니었다.
우연했던 나와의 마주침은 더 많은 필연을 만들어 낼 것이다.
우울과 상실을 품으며 동굴 속에서 내 갈 길을 찾는다.

불행할 거면 죽고 말지

오늘도 이 잔에 독을 풀어.
왜 독을 마시냐는 핀잔에도 휩싸인다.
그래도 어쩌나.
이 독은 날 행복하게 만드는걸.

독이나 마시고 죽어야지.
이게 없으면 불행한 세상
술이나 마시고 죽어야지.

독이라곤 상관없는 몸은 어떠한지.
그 몸으로 사는 세상은 행복한지.
느껴보고 싶어 독을 줄여도 보고
끊어도 봐도 불행하기만 하다.

마시면 죽음에 가까워질 걸 알지?
그리하여 매 순간 죽음 앞에 서있다.
그렇게 매 순간 죽음 앞에서 미소 짓는다.

나와 같은 사람들이 모여 사는 세상에서는
이걸 '독'이라고 부를까?

다른 세상에서는 어떠한가.
깨끗하다고 불리는 세상.
건강하다고 불리는 세상.
그곳에서 독은 어떤 존재인가.

겪을수록 모르겠다.
독이나 마시고 죽으련다.
술이나 마시고 죽으련다.

술이나 마시며 헤헤거리고,
술이나 마시며 행복하련다.
내 몸속엔 독이 가득해 정신마저 잡아먹혀 버렸다.

누군가 말하듯 죽음이 가까워져 가는 거라면
웃으며 죽음을 기다리련다.
행복 없이 살려고 발버둥 치지 않으련다.

죽는 게 낫겠어요.

어떻게 편하게 죽을지 생각하고 있어.
이번 생은 글렀으니까 말이야.

내가 하고 있는 것 지금 몰라도 괜찮아.
내가 죽으면 알게 될 거야.
그제야라도 봐주면 고맙겠지.

나의 행복은 죽음에 있을까?
그만큼 행복한 것도 없다.
죽음으로써 인정받는다면 참으로 쉽다.

그래서 죽을 준비를 하고 있어.
그래도 아무도 나를 죽이진 못해.
난 혼자 죽을 거야.

내 모든 것을 다 토한 뒤에
아무도 모르는 곳에서
혼자 죽을 거야.

찾으려 하지 마.
그냥 어디 재수 없게 땅 파다 만난 이에게 미안할 뿐.

미리 인사를 건넵니다.
미안합니다.
내 준비의 최선이었습니다.

괜찮으시다면 해골을 꺼내 세상에 보여주세요.
안타깝다고 할지 역겹다고 할지도 모르겠습니다.
그렇게 또 한 번 죽어도 괜찮습니다.

흰 뼛가루 금빛 나루에 흩뿌려질 날 언젠가 있겠지요.

횟감의 백일몽

소주가 마시고 싶은 날, 횟집을 찾는다.
활어회 한 접시 시키고 소맥으로 목을 축인다.
앞치마를 두루고 장화를 신은 아저씨가 지나가면
곧 뜰채를 뚫고 나올 듯 활어가 팔딱인다.
그리곤 내 앞에 얌전하게 올라온다.

소주 한 잔에 활어회 한 점.
그 밤은 그 둘만으로도 꽤나 쾌활한 밤으로 깊어간다.
마치 입안에서는 아직도 활어가 살아있는 것처럼.
이건 맛있는 죽음이라는 말을 뱉고 소주와 삼켜 소독을 한다.

이 도시에 사는 나는 그렇다.
수조 안에서 벗어나면 곧 죽을 거라는 걸
아는 사람처럼 팔딱인다.
그리고 곧 죽은 듯이 누워 내 살갗을 다 드러낸다.
이 밤은 그런 나를 기다렸다는 듯이 먹어 해치운다.

해가 떠있을 때 건물 안에 갇혀 초연하게 움직인다.
누군가 나를 재촉할 때 나는 더 열렬히 움직인다.
해가 지고 이 건물이 조용해질 때 나는 나를 내려놓는다.
그 다음엔 기다렸다는 듯이 이 밤을 먹어 해치운다.

빛이 죽은 도시에서 홀로 불을 켭니다.
소리가 죽은 도시에서 홀로 소리를 냅니다.
하이에나처럼 이 죽은 도시를 먹어 해치웁니다.
나는 사실 수조 밖이 더 좋은가 봅니다.

언젠가 사라질 걸 알지만 수조 밖으로 나갈 채비를 합니다.
영문도 모른 채 이 도시에 갇힌 나는 할 수 있는 게
그것밖에 없습니다.
나는 썰어진 채 접시 위에 올라가지 않을 겁니다.
나는 입에 들어가 씹히며 삼켜지고
소주에 끼얹어지지 않을 겁니다.

죽은 도시에서라도, 불 꺼진 횟집에서라도
죽어나갈 걸 알면서도 살아나갈 채비를 할 겁니다.
수조에 갇혀있다고 혼자 죽어 둥둥 떠다니지 않을 겁니다.
언젠가 나갈 겁니다. 언젠가.

나날

[명사] 계속 이어지는 하루하루의 날들.

고작 술자리 하루로 찾아온 숙취는
금방 가시지 않는다.
이겨내는 날들은 계속해서 이어져야 한다.

숙취가 영원하길 바라지 않기에
고통에서 벗어나기 위한 나날을 이어간다.

목적 없는 목적지

좇고 있다.
애써 좇고 있다.
이마엔 땀방울이 풍년이다.

언제쯤 닿을까.
알지 못해도 좇다 보면 때가 오겠지.
언제 끝날지 모른 채 내리 좇고 있다.
어디가 끝인지 모른 채 내리 좇고 있다.

보이지 않는다.
온몸이 축축이 젖어도 알 수 없다.
머리가 부서질 듯 고뇌해 보아도 그렇다.

잠시 멈춰 나를 방관한다.
무얼 향하는지 모를 심신은 그 자리에 그대로 굳는다.
뼈라도 없어진 듯 허물어져 바닥에 녹는다.

멈춘 김에 술이나 마시자.
그러다 나는 왜 술을 마시고 있나.
그러다 나는 마실 자격이 있나.

'난 좇아야 한다.'
'무엇을?'
'목적 없는 갈망을'

그저 습관처럼 마시는 보드카 한 잔은
고뇌하기 위해 마시는 소주 한 잔보다 약하다.
그저 목적 없이 달리는 여정은
목적을 찾기 위해 앉아 있는 시간보다 덧없다.

흠뻑 땀 흘린 뒤에 퀴퀴한 빨랫감만 남길 것인가.
흠뻑 땀 흘린 뒤에 홀가분한 바람을 맞을 것인가.

목적지는 어디인가.
그 방향은 어디인가.
그곳을 향해 술잔을 허공에 부딪힌다.

어쩌면

'잘될 거야.'
확신에 가득 차 있다.
목소리에도 힘이 가득 차 있다.

'잘되지 않을까?'
확신이 줄어든다.
목소리에 힘이 빠지기 시작한다.

'어쩌면 잘 될지도 몰라.'
확신이 없다.
목소리는 침울해져 있다.

희망은 절망이 되어간다.
미리 느끼던 행복은 현재의 불행이 되어있다.
주변의 응원은 먹잇감을 바라보는 맹수의 시선이 되어있다.

내 희망의 불씨는 남아있지만
주변에서는 그 불씨를 먹어 치워 꺼버린다.
발버둥조차 치지 못하고 사그라든다.

하지만 어쩌면, 잘될 수 있지 않을까?
다시 목소리에 힘이 들어간다.

관심 가지던 이들은 사라졌다.
목소리를 듣던 이들도 사라졌다.
허공에 힘내어 부르짖는다.
'잘될 거야.'

목소리에 힘껏 힘을 주어
목이 터져라 핏줄을 추켜 세워 소리친다.
아무도 오지 않아도 괜찮다.
메아리쳐 들려온 나에게 힘을 받을 것이다.

기꺼이 다가온 이들에게 축배를 건넨다.
아무도 없다면 술에 취해 세상에 소리친다.
어쩌면, 정말 어쩌면 난 잘 될지도 모른다고.

모난 사람

순했다.
그리고 성장하자 뾰족해졌다.
찔려간 것들은 하는 수 없이 인정하며 죽어갔다.

모든 걸 찌르던 시절 이전에는 뾰족하지 않았다.
어떠한 것도 둥글게 보듬어주었다.
따뜻하게 품었다.

그때 혹시 상처받은 적 있니.
굴러온 돌들에 갈리고 갈려 뾰족해졌니.
이해한다고 말할 수밖에 없다.
내가 그 돌들을 막아주진 못했으니.

미안하지만 뾰족해진 이때,
그만 다시 뭉툭해지라고 말하고 싶다.
아니, 날만 조금 다듬으라고 말하고 싶다.

아프게 하지 말자.
아프지 말자.
도저히 날을 다듬을 수 없다면 저 멀리 던져질 수밖에 없다.

세상 모든 이들이 말랑하지 않다.
그렇다고 수없이 찔려본 이들의 날이 날카롭지도 않다.
세상을 탓하기엔 뾰족한 것으로 짓누를 수 없다.

누군가를 찌를 순 있겠지.
찔러서 무엇하나.
상처 하나 입히고 속 시원할 리 없다.

무딘한 동그라미가 되라고는 말하지 않겠다.
뾰족함이 성숙함은 아닐 것이다.
우리는 서로 부둥켜 품을 것들이 많다.

번아웃

맨손으로 모래를 모아 새집을 만들었다.
나뭇가지를 주워 전쟁터를 나갔다.
배움을 거부하고 연인과 떠났다.

이것들은 사라졌다.
모래가 닿으면 얼른 털어낸다.
앞에 있는 나뭇가지를 발로 치워낸다.
연인보다 배움이 먼저다.

그렇게 살아가다 먼지 한 톨도 용납 못 한다.
걸리적거리는 것들을 싫어한다.
내 앞길만 바라본다.
지친 걸 알면서도 지쳐간다.

사실 더럽고 싶다.
사실 부딪히고 싶다.
사실 만나고 싶다.

놀이터 대신 해변의 모래를 만져본다.
뒷동산 대신 가로수의 기둥을 만져본다.
마음의 끌림 대신 머리의 끌림을 경험해 본다.

대신은 없다는 걸 깨닫는다.

놀이터로 향한다.
뒷동산으로 향한다.
사랑을 찾아 떠난다.

이제라도 다시 새집을 짓고, 전쟁터에 나가고,
사랑을 의심하지 않을 것이다.

잊고 살았다.

내심 괜찮은 상태

으레 성심껏 살지만 차지 않는다.
늘 돈을 벌지만 차지 않는다.
언제나 관계를 갈구하지만 차지 않는다.

만족이 없는 상태.
만족에 근사하지도 않은 상태.
괜찮지 않은 상태.

괜찮기 위해 괜찮은 척한다.
괜찮기 위해 괜찮으려 한다.
괜찮기 위해 괜찮다고 한다.

그럼에도 괜찮지 않다.
애매하게 취한 이 밤처럼 한 잔이 부족하다.
한걸음 다가가면 뒷걸음치는 이처럼 이 도시는 나를 꺼린다.

답답한 숨을 끄집어내 한숨으로 불어내며 침대에 눕는다.
마음은 괜찮지 않은데 몸뚱아리는 괜찮다 한다.

술기운에 달아오른 몸을 식히려 선풍기를 켠다.
몸뚱아리는 괜찮지 않은데 마음은 괜찮다 한다.

종일 찌든 숨을 선풍기 바람에 날려 보내는 상태.
선선한 선풍기 바람을 맞으며 포근한 이불로 맞대는 상태.
딱 괜찮은 상태.

그제야 차오른다.
내일 또 차지 않겠지만 오늘 밤은 차오른다.
이 만의를 또 잊을지언정 오늘 밤은 차오를래.

선선한 바람을 덮는 포근한 이불처럼
차가운 세상을 따뜻하게 살아갈래.
포근한 이불을 타고 올라 다가오는 선선한 바람처럼
차오르지 않으면 흘려보낼래.

쓰지 않는 일기

한창 일기를 썼다.
이제 일기를 쓰지 않는다.
그날의 장면 하나하나가 머릿속에 들어있다.

일기를 쓰지 않는다.
술자리를 같이 한 친구의 기억 속에
나의 만취한 모습이 담겨있다.

일기를 쓰지 않는다.
취해서 아무렇게나 찍은 사진들이
그날의 잔상을 보여준다.

쓰지 않는 일기는
내가 쓰는 일기보다 더 나에 가까웠다.
그래서 쓰지 않았다.

실오라기 하나 걸치지 않은
기억과 사진들의 나는 내가 맞았다.
옛 시절 쓰던 일기는 보여주기 싫은 그것들을
기억하기 싫었나 보다.

펜에 감정을 묻혀 썼나 보다.
펜에 희망을 묻혀 썼나 보다.
펜에 허망을 묻혀 썼나 보다.

실오라기 하나 없는 펜을 새로 사 일기를 쓴다.
한 글자를 쓰자마자 감정이 묻어났다.
희망도 묻어났다.
아무렴 어떤가 허망 하나 벗겨냈는데.

쓰지 않는 일기를 써 내려간다.

눈물의 모습

삭막하던 마음은 몇 잔 술에 녹아내렸다.
눈물이란 액체인 줄로만 알았다.
이내 알아차린다.
눈물은 나 자신이 흘러내린 것.
그걸 거르고 걸러 내린 것이라는 것을.

눈물이 싫었다.
그렇게 오랜 과정에 걸친 결정(結晶)인 줄 몰랐을 때.

이제 눈물이 좋다.
감정의 결정(結晶)인 걸 알고 난 뒤에.

가벼운 눈물과 그렇지 않은 눈물의 농도는
재지 않아도 알 수 있다.
눈물은 그 사람이 살아온 발자취를 타고 흐르니까.

그렇게 눈물을 사랑하게 된다.

그게 어둠이어도 좋다.

그게 빛이어도 좋다.

진실된 눈물은 입을 벌리지 않아도 진실을 말한다.

그렇게 어둠과 빛 모두를 사랑해간다.

그렇게 또 무언가를 사랑해간다.

그렇게 눈물의 가짓수를 늘려나간다.

각색의 눈물을 맛보며 발자취를 남겨간다.

걸어온 길목마다 떨어트린 눈물들이 말라간다.

갈증 날 때 다시 내려와 내 목을 축여준다.

그까짓 땀

술에 잔뜩 취한 다음날 아침.
혼자 퀸사이즈 침대에서 잤지만 온갖 찝찝함을 느낀다.
양치는커녕 땀에 젖은 옷을 그대로 입은 채 잠이 들었다.

대충 생수병을 입에 꽂고 난 다음 부리나케 온몸을 씻어낸다.
잘 빨지도 않던 이불을 세탁기에 욱여넣는다.
어제 입었던 옷과 신발은 탈취제로 절여놓는다.

이 모든 찝찝함을 털어내는 건 한 시간이면 족하다.
처음 이 느낌을 털어낼 때에는
한 시간이 아니라 일주일이 걸렸다.
샤워와 빨래는 금방이었지만
머릿속에서는 찝찝함이 사라지지 않았으니까.

머릿속에는 숙취보다 후회가 가득했다.
그러다가도 별일 아니었다며 내가 나를 위로한다.
그리 많지도 않은 일.
그까짓 게 나를 묶어둘 수 없다.

가끔은 사랑하는 이와 뒹굴고 나서도 땀에 젖은 채로
잠에 드는데 술에 취해 그대로 잠든 게 대수냐.
누구 하나 아프지 않았으면 됐고
어젯밤 끝내주게 좋은 시간을 보냈다면 더욱이 됐다.

땀에 젖은 건 옷과 이불밖에 없다.
그것만 씻겨내면 다시 금세 산뜻해진다.
그깟 땀 따위를 모아 홍수로 만들 것인가.
별것도 아닌 듯 씻어내고 다시 오늘을 살아갈 것인가.

우리가 겪어야 할 수많은 일 중
땀에 젖은 이불과 옷은 그저 방울 하나 정도이다.

속마음 품어줄 이

발자국 한 번 남기니
비 웅덩이가 꽉 찬다.

발 장난 한 번 치니
수영장이 꽉 찬다.

발 장구 한 번 치니
개울에 파도가 친다.

이 물웅덩이들은 나를 이긴 적이 없다.
그저 발 한 번 구르면 나로 꽉 찬다.
바다를 만나기 전까지 그런 줄로만 알았다.

아무리 발을 휘저어도
이 바다는 꼼짝 않는다.
아무리 헤엄쳐도
끝이 보이지 않는다.

내가 파묻혀 가야 하는 거냐.
그럼 나를 행복하게 해줄 거냐.
말 없는 바다에 생떼를 부린다.

물장구를 치다 다리에 쥐가 난다.
파도가 다가와 감싼다.
나는 너를 걷어차고 있었는데
왜 너는 나를 감싸냐.

너를 껴안고 이 밤을 보낸다.
다가오는 너는 내 술기운까지 앗아간다.

잃고 싶지 않은 기운이었지만
너의 포옹에 나는 술 대신 바다 내음을 맡는다.

버팀목

작은 언덕 한가운데 커다란 나무가 서있다.

여름이 되면 사람들은 그늘 아래로 모여든다.
기둥에 기대 더위가 식길 기다린다.
열이 내리면 다시 길을 떠난다.
겨울이 되면 사람들은 톱을 들고 모여든다.
가지를 잘라 실컷 실어 땔감으로 쓴다.
날이 풀리면 찾아오지 않는다.

봄이 오면 사람들은 꽃밭으로 향한다.
가을이 오면 들판에 누워 하늘을 바라본다.
들판 한가운데 커다란 나무는 그 광경을 지켜본다.

나무는 그 자리를 사계절 내내 지키고 서있는다.
나무를 찾아오는 사람들은 사계절 내내 바뀐다.
나무는 그들을 미워하지도 않나 보다.
찾아오는 이 반겨주며, 떠나가는 이 안녕한다.

종종 비구름이 찾아와 뿌리를 적신다.
종종 해가 찾아와 이파리를 비춘다.
매해 찾아오는 새들이 가지에 앉아 지저귄다.
매일 찾아오는 벌레들이 기둥을 간지럽힌다.

나무는 지나치는 이들을 사랑했고
매번 찾아오는 것들도 사랑했다.
모든 게 영원할지는 모른 채로.

10년 전 찾아온 사람들은 더 이상 찾아오지 않는다.
그들은 다른 그늘을 찾으며, 가지를 베어가며 지내고 있다.
마치 10년 전 저 나무와 지냈듯이.

영원한 이들이 있듯, 지나치는 이들이 있다.
영원하다고 지겨워하지 않는다.
지나친다고 서운해하지 않는다.
나무는 그 자리에 서서 모두를 받아들일 뿐이다.

언젠가 남을 영원할 누군가 있겠지라며
언젠가 떠나갈 이들에 미련 없이 준다.

안식처

대학 시절 우리에게 무더운 한강은 피신처였다.
더운 탓에 사람은 없었고,
강바람은 맥주 몇 캔에 우리를 흔쾌히 받아주었다.

그런 한강을 가던 네가 떠나고 벗들과 그곳으로 향했다.
폭우가 내리던 저녁이었지만 아랑곳하지 않았다.
우산을 우겨 쓰며 맥주를 마시던 그날의 한강.
비바람은 몰아쳤지만 우리에겐 우산이 방공호였으며
한강은 피신처였다.

사랑과 떠났던, 우정과 떠났던 그곳.
전쟁터 한가운데 아랑곳하지 않고 빛나는 윤슬.
마천루를 타고 휘몰아치던 회색의 바람 대신
잔디를 훑고 나를 간지럽히던 초록의 바람.

저 멀리 보고 싶은 바다가 있지만 당장 갈 수 없었기에
한강은 나를 토닥여주고 먼저 바다로 향한다.
'곧 보자.'

피신처의 물 알갱이들은 나를 떠나가지만
나는 또 그것들이 있는 피신처로 향하겠다.
이 전쟁터에서 도망치고 싶을 때,
동료들과의 휴식이 필요할 때.

또다시 사랑과 떠나겠다.
또다시 우정과 떠나겠다.
나의 젊음에 피신처가 되어준 그곳으로 떠나겠다.

그때.
피신처였던 네가 안식처가 되어있으면 좋겠다.
나를 품어주었던 네가 더 큰 물결을 이루어
나와 놀아줬으면 좋겠다.

고마웠다. 덕분에 잘 피했다.
고맙다. 덕분에 잘 지내고 있다.

밑잔의 뜻은 두려움

밑잔을 깐다.
더 오래 마시기 위해 밑잔을 깐다.
이걸 깔지 않으면 나는 이런저런 꼴 다 보일 것이다.

밑잔을 깐다.
더 오래 나누기 위해 밑잔을 깐다.
이걸 깔지 않으면 내 밑천이 다 보일 것이다.

걱정은 설레발이었나.
이러다 영영 취하지 않을 것 같다.
이러다 영영 끝을 보지 못할 것 같다.

한 모금에 한 잔 다 삼켜낸다.
지금 이 순간 끝까지 가보려 한다.
한 번에 다 마시지 않으면 더 늦게 취할 뿐이다.

한 모금에 한 잔 다 삼켜낸다.

다음 순간을 더 빨리 맛보려 한다.

한 번에 다 마시지 않으면 항상 밑잔을 깔 것이다.

진심은 땀 흘리는 여름에

가을에 만난 사람을 조심해야 한다.
선선한 바람, 흩날리는 낙엽, 끝이 보이지 않는 하늘.
온 지구가 콩깍지를 눈앞으로 대령한다.

가을에 취해 방심한 밤.
가을의 밤바람은 나를 얼어붙게 만든다.
그리고 조금의 온기만으로 나를 녹게 만든다.

한겨울이라면 손가락 하나 정도 녹게 할 온기.
한여름이라면 땀 몇 방울 더 맺히게 할 온기.
가을밤, 약간의 온기는 겨울과 여름을 잊게 만든다.
가을은 모든 게 쉽다.

한겨울에 너를 따스하게 만들고 싶다.
한여름에 너를 선선하게 만들고 싶다.
우리는 항상 가을이고 싶다.

약간의 온기만으로 현혹하고 싶지 않다.
나의 가장 뜨거운 온도.
나의 가장 차가운 온도.
이것들로 너를 가을로 만들고 싶다.

선선한 바람에 머리칼을 넘기며,
흩날리는 낙엽에 서로의 고독을 채우며,
끝이 보이지 않는 하늘을 끝까지 바라보고 싶다.

가을에 만났으면 못했겠다.
내가 없어도 딱 좋은 온도다.

네가 떨고 있을 때 안아주겠다.
네가 땀 범벅이어도 안아주겠다.

내가 추우면 소주 한 잔으로 데우면 된다.
내가 더우면 맥주 한 잔으로 식히면 된다.
너는 그저 나에게 가을바람처럼 불어주면 된다.

발맞춰 걷기

내 그릇이 비워져 갈 때,
누군가의 그릇은 반도 비워지지 않았다.
내 잔이 비워졌을 때,
누군가의 잔은 남겨져 있다.

내 화가 가셨을 때,
누군가의 화는 아직 끓고 있다.
내 기쁨이 만발했을 때,
누군가의 기쁨은 피지도 않았다.

우린 모두 발걸음이 다르다.
내가 저 앞에 가있을 때, 누군가는 저 뒤에 있고,
또 누군가는 나보다 앞서있다.

발을 맞춰 걷는다.
나보다 빠른 이는 조금 천천히 걷고,
나보다 느린 이를 위해 더 천천히 걷는다.

밥을 천천히 먹어도 된다.
체하지만 마라.
밑잔을 깔아도 된다.
억지로 마시지 마라.

화가 남아 있다면 기다리겠다.
불타고 있는 채 품고 있지 않아도 된다.
기쁘지 않다면 더 기쁠 일을 찾겠다.
좋지 않은 걸 좋아한다 하지 않아도 된다.

배려에 답하듯 충분히 배부르다며
수저를 내려놓아주는 이들 있다.
잔 드는 게 뭐 어렵냐며 함께 부딪혀 주는 이들 있다.
이 정도는 아무렇지 않다며 웃음 짓는다.

서로의 배려에 답하듯 다 같이 웃자며 함박웃음 짓는다.
걸음을 늦춰 발맞춰 걸으려 할 때,
빨리 걸어 나의 걸음에 맞춰주는 이들.
그렇게 우리는 발맞춰 걸어간다.

죽고 싶다가도 살고 싶은 것이 인생

내일이 될수록 죽어갈 인생이다.
언젠지 모를 날에 한 줌으로 남을 인생이다.

죽으면 아무것도 보이지 않을 운명이다.
그러니 좋아하는 것들만 짧은 생에 해치우려 한다.

하루라는 놈은 잡아 놓을 수가 없어서 굳건히 흘러간다.

내일이 될수록 살고 싶은 인생이다.
언젠지 모를 날에 누군가는 기억해 줄 인생이다.

묘비에 술 한 잔 바칠 이 많으면 얼마나 좋은가.
이리 좋아하는 술, 죽어서도 실컷 마실 수 있는데.

그 사람들과 잔 부딪히려 하루하루를 잡아간다.

욕심은 사채 빚

굶주린 배를 쥐어 잡고 버티길 몇 시간.
마침내 수저를 손에 쥔다.
몇 분이 채 되지 않아 그릇은 비워진다.

몇 시간을 기다려서 허겁지겁 먹어 치운 끼니.
행복으로 채운 포만감도 잠시,
몇 시간이 채 되지 않아 속은 메스꺼워진다.

좋아하는 음식을 넣을 땐 그리 좋았건만
그 음식이 다시 몸 밖으로 나올 땐 힘겹다.
체기를 내리기 위해 또다시 몇 시간을 배를 쥐어 잡는다.

며칠 동안 마시지 못한 술.
쌓이고 쌓였던 마음속 독소를 해독시키기 위해
잔을 들이켠다.
시원하게 내려가는 술은 몸속 곳곳까지 타고 들어간다.

이놈의 독들을 모조리 없애겠다며 몇십 분을 들이켠다.
취기가 올라 해독이 되면 독에 취한 듯 비틀댄다.
어지러운 세상 속 현기증에 시달리며 잠에 든다.

기다리던 술을 마실 땐 좋지만
그 술이 다시 몸 밖으로 나올 땐 힘겹다.
숙취를 없애기 위해 또다시 며칠을 고생한다.

밥이나 술이나 빨리 삼키면 체하는 법.
몇 시간, 며칠을 기다렸는데 그 몇 분이 뭐라고.
차라리 아프겠다며 몇 분의 행복을 끌어온다.

급하게 채운 행복은 이자를 붙여 갚아야 한다.
몸속 비워진 한 켠, 마음속 비워진 한 켠.
그것들 빨리 채우겠다며 억지로 행복을 끌어당긴다.

끌어당기다 팽팽해진 줄이 끊어지면
그 줄은 튀어와 나를 때린다.
이미 힘든 몸과 마음에 상처를 또 더한다.

천천히 먹자. 천천히 마시자.
하나하나 곱씹어 허기를 채우자.
한 잔 한 잔 흘려보내 취기를 채우자.

천천히 채운 그곳엔 더러운 이자 따위 없다.
겨우내 추웠다면 따뜻한 탕 하나로 배를 채워
시원한 소주 한 잔 천천히 넘겨 온기를 품어내자.

의지의 본명은 고통

두려움에 두 발과 두 손이 묶여있다.
이 어둠을 벗어나야 빛을 찾을 수 있지만
포박된 나는 아무것도 하지 못한다.

어둠을 빠져나가고 싶은 바람은
묶여있다는 사실 하나만으로 쉽게 사그라든다.
빛을 향한 바람은 어둠 속 포박에 의해 잠식된다.

팔다리를 묶은 밧줄에겐 미안하지만
다음 생에 기회를 보고 싶진 않다.
여러 번의 고통 끝에 한 쪽 팔을 풀어낸다.

상처투성이의 팔은 갓난 아기처럼 가누기 어렵지만
곧 내 의지에 의해 움직이기 시작한다.
이내 한 쪽 다리도 풀어낸다.

상처는 더욱 늘어났지만 빛으로 향할 수 있다는 희망은
두려움의 얼굴을 밝혀내기 시작한다.

마주한 그 얼굴은 나와 같았다.

나는 나를 두려워했다.
나는 나를 이겨내지 못했다.
이제 상처가 두렵지 않았다.
잠깐 쓰리고 말면 될 것이었다.

나머지 한 팔과 한 다리도 마저 풀어낸다.
먼저 풀어낸 팔과 다리는 조금씩 아물어간다.
그렇게 빛을 향해 걸어나간다.

그 길이 얼마나 길지 모른다. 그 길이 얼마나 험할지 모른다.

이제 막 두려움의 속박을 풀어낸 나는
어둠 속을 묵묵히 걸어갈 뿐이다.
언젠가 마주하겠지라는 희망은
내 팔다리가 풀려날 수 있겠지라는 희망처럼
이뤄질 것이라 믿으며.

빛을 향한 길이 가시밭길일지라도 빛을 향해 걸어나아간다.

해장

[명사] 전날의 술기운을 풂.
또는 그렇게 하기 위하여
해장국 따위와 함께 술을 조금 마심.

고통에서 벗어나기 위한 나날들은
비로소 해장을 이루어낸다.

여유로워진 마음으로 다시 매일을 살아간다.
이전보다 조금은 더 성숙해진 인생의 주연으로.

그렇게 다시 잔을 든다.
그렇게 다시 나아간다.

줏대 있는 게으름

게으름이란 이름은 누가 지었는가.
그리도 줏대 없는 이름은 처음 본다.
풍류도 게으름이라 이름 붙이고
여유도 게으름이라 이름 붙인다.

풍파에 절여진 어느 날 술 한 잔 걸쳐 풍류로 바꾼다.
복잡한 대낮에 술 한 잔 걸쳐 여유로이 세상을 즐긴다.
그 술 한 잔은 날 눈뜨게 만든다.
쳐지던 눈꺼풀 찢어져라 열어젖힌다.

눈 감은 이들 나태로이 손가락 놀릴 때,
눈 뜬 이들 세상의 눈꺼풀 열어젖힌다.
술에 취해 달아오른 볼따구 마냥 뜨겁게 몸짓한다.
뜬 눈으로 다가오는 세상과 눈 마주친다.

게으르게 말한다.
게으르게 눈 뜬다.
게으르게 일어난다.

부지런히 생각을 모아둔다.
부지런히 밤과 낮을 오간다.
부지런히 세상을 맞닥뜨린다.

또다시 게을러질 때,
부지런한 사람들 사이에서
부지런히 술 한 잔 걸쳐 눈을 뜬다.

줏대 있는 게으름으로
부지런히 나날을 살아간다.
눈을 부릅 떠 술잔을 찾으며.

상처는 낫기 마련

얼굴, 어깨, 무릎 어딘가에 상처가 있다.
남에 의해서가 아닌 나로 인해서 생긴.
평소에는 신경 쓰이지 않는다.
술을 마실 때면 가끔 그곳들이 발갛게 달아오른다.

그럴 때마다 그 상황들이 떠오른다.
'보도블록에 걸려 넘어졌었지.'
'오래된 손잡이가 무너져내렸지.'
'길바닥이 미끄러워 접질렸지.'

아팠던 곳이지만 아프지 않다.
그저 빨개질 뿐.
나의 추억일 뿐.

지금의 상처들도 나중엔 이렇게 빨개지겠지.
그리고 또 추억으로 미화되어 나에게 나타나겠지.

당장의 상처는 아프겠지만
상처의 다음에는 추억이 남겠지.

계속 그러할 것이다.
나는 언젠가 또 다칠 것이고 흉터가 남을 것이다.
그리고 술 한잔할 때 그 추억은 드러날 것이다.

볼이 빨개질 때쯤 상처와 기억은 심심했는지 나를 찾아온다.
뺑소니처럼 나를 들이받고 지나간 것들,
술을 핑계로 나를 덮쳐온 것들.

심심할 때 만나자.
너를 기억하면 아프지만 행복하다.
내가 그 시절을 잘 살아냈음을 알기에.

또 와도 된다.
너는 그저 장마철 바짓단을 적시듯
술맛만 나게 할 존재이니.

연민하자 미움은 사라졌다.

가만히 있어도 가슴이 따갑다.
생각을 하면 머리까지 따갑다.
잊으려 하면 온몸이 아려온다.

미워하는 사람 몇 명 마음에 품고 사는가.
무엇 때문에 미웠는지 잊어버릴 지경까지 품는가.
보내주기 싫어 선인장을 안고 있는가.

미워하자 연민을 더한다.
그러자 미움은 사라졌다.
아무도 밉지 않다.
모두와 끌어안는다.

기어이 내 품 안에 들어오지 않겠다는 이 있다.
억지로 힘을 주어 안진 않겠다.
어디에도 안기지 못할 선인장을 가여워한다.

애써 관심 가져 듬뿍 물을 주니 이내 썩어 간다.
그제야 눈을 마주친다.

연민하지만 동정하진 않는다.
억지로 힘을 주어 안진 않겠다.
어디에도 안기지 못한 선인장을 가여워한다.

어떻게든 살아내길 바란다.
지독하게 살아남아 다시 나를 찔러주길 바란다.
그때가 되면 꽉 안아 찔려주겠다.

미워하자 연민을 더한다.
그러자 미움은 사라졌다.

선인장을 햇볕에 둔다.
가끔 찾아가 물 조금 준다.

후래자삼배

어리다.
어리숙하다.
어설프다.

나보다 어린 사람에 대한 보통의 생각들.
길 가다 나보다 어린 이에게 감명받은 적이 있는가.
집어 든 젊은 작가의 글에 감명받은 적이 있는가.

그 감명은 어디서 왔는가.
감명받던 어린 이의 그 시절들.
그 시절은 나보다 깊네.

어린 이들의 순수한 한마디를 들을래.
젊은 작가의 시집 하나는 품을래.
술 한잔하며 떠올릴래.

그건 몇 만 원쯤 하는 용돈의 값어치가 아니다.
때 묻으면 할 수 없는 말과 글이다.

때를 벗겨내 다시 순수함에 도착하면
나는 석 잔을 내리 마시겠다.
먼저 그곳에 있던 어린 이들의 앞에
고개 돌려 석 잔을 내리 마시겠다.

그대로 사랑이라

외로움을 못 견뎌 사랑을 찾아 헤맨다고 그게 사랑이겠는가.
외로움만 채우면 사랑이 되는 것인가.

첫눈에 두근거리는 설렘이 사랑인가.
항상 곁에 있어주는 자상함이 사랑인가.
정답 없는 감정에 정답이 찾아지겠는가.

그저 나와 방향이 같은 사람,
그래서 마주 볼 수 없는 사람.
그렇지만 함께 같은 길을 걸을 수 있는 사람.
맞부딪히지 않아도 사랑이라 느낄 수 있는 사람.

감정에 겨워 서로의 잔을 깨질 세라 부딪혀주는 사람.
해변에서 단둘이 취해 부둥켜안아 뒹구는 사람.
취기 오른 얼굴로 마주 보며 발그레 웃는 사람.
정의 내릴 수 없는 이 얼마나 많고도 좋은 사랑들인가.

겉치레 같은 대답으로 사랑을 정의하지 않으련다.
어디서 날아온지 모를 사랑의 파편들을 맞을 뿐이다.
그 파편들을 끌어모아 사랑이라 느껴간다.

사랑이라 설득하지 않는다.
그대로 사랑이라 느낀다.

싫어하는 계절에

낭만은 내가 싫어하는 순간에도 다가옵니다.

젖는 여름은 싫지만
발등 위로 타오른 파도가 반겨줍니다.
시린 겨울은 싫지만
손등 위로 내려앉은 눈송이가 반겨줍니다.

날 익혀버릴 듯한 태양은 싫지만 녹음과 쾌청은 반갑습니다.
날 찢어버릴 듯한 바람은 싫지만 설경과 캐롤은 반갑습니다.

그 계절 안에서 마셔요.
그 계절 안에서 취해요.
싫어하던 날들을 마셔요.
싫어하던 날들에 취해요.

매일을 산뜻함과 놀고 싶었어요.
매일을 포근함과 놀고 싶었어요.

그치만 그것들은 저의 곁에만 있지 않아요.
그치만 그것들은 꼭 원할 때 있지도 않아요.

배신감을 느끼려다 다시 거둡니다.
싫어하는 계절을 항상 배신했기 때문입니다.
배신했던 그 계절에 낭만들이 있었습니다.
좋아하는 계절에만 그것들이 있는 줄로만 알았습니다.

한껏 젖겠습니다.
태양에 그을리겠습니다.
바닷바람 쐬며 시원한 맥주 한 캔 들이켜겠습니다.

실컷 시리겠습니다.
바람에 아파하겠습니다.
포장마차 안에서 난로 쬐며 소주 한 잔 들이켜겠습니다.

아파할 때쯤, 다가올 낭만들을 반길 준비만 하겠습니다.
어서 와 그을린 피부를 보듬어 줄 겁니다.
어서 와 찢어진 살갗을 보듬어 줄 겁니다.

술 한 잔 들이켜며 기다리겠습니다.

마음 정리

바다로 떠난 지 오래됐다.
숲으로 떠난 지도 오래됐다.
아직도 떠날 마음 편히 먹지 못하고 있다.

여태 무얼 한다고 했다.
그래서 결국 무얼 했나.

못된 마음 다시 고쳐 잡는다.
잘못 든 길 다시 고쳐 나간다.
헝클어진 방을 다시 정리한다.

방을 정리하다 오래된 발자취를 발견한다.
수영복들은 내 옷장 제일 아래 있었다.
그리 길던 태닝 오일의 유통기한은 지나 있었다.

좋아하던 것들이
그저 잘 살아보겠다고 노력했던 순간들에 의해 썩고 있었다.

제일 아래 있던 수영복을 옷장 위로 올려놓는다.
셔츠들을 대신 그 자리에 놓는다.
태닝 오일을 새로 산다.
잘 보이는 선반 위에 올려놓는다.

바다에 가서 수영복을 입겠다.
해변에 누워 태닝 오일을 바르겠다.
그러다 다시 집으로 돌아오면
까맣게 태워진 피부 위에 셔츠를 걸치겠다.

좋아할 일만 남았다.

여름을 싫어했다.
목덜미를 타고 흘러내리는 땀방울들.
모두의 체온을 안은 듯한 끈적임.
이런 나를 골탕 먹이려는 햇빛.

사계절의 경계는 허물어가지만,
여전히 5월의 끝자락이 되면
내 마음은 불쾌하게 끈적거리기 시작한다.
'오지 마라.'
간절한 바람에도 이놈은 다가온다.

경계하길 수차례, 조금씩 정이 든다.
땀으로 샤워를 하고 햇볕에 말리는 사람이 된다.
피부를 까맣게 태워 여름에 사는 사람이 된다.
제물이 된 것처럼 이 여름에 몸을 바친다.

나는 녹아내려 여름에 스며든다.
그토록 싫어했던 계절의 한 부분이 된다.

따가운 햇빛을 따사로워 한다.
축축한 습기 속에서 헤엄친다.

요즘은 5월의 끝자락부터 피부를 태운다.
이제는 6월의 한가운데도 시원하게 여긴다.
요즘은 7월에 내리는 비와 여유로이 술을 마신다.
이제는 8월이 끝나가면 잡을까 고민한다.

싫어하던 계절 하나 없어졌다.
1년 안에 좋아하는 계절들만 가득하다.
몇십 번을 더 싫어할 뻔한 계절을
몇십 번을 더 좋아할 일만 남았다.

여름에게 편지를 써 전하고 싶다.
애써 좋아하려 했지만
애써 싫어하기도 힘들어졌다고.
가끔 과하다 싶을 때 싫은 소리 한마디 하겠다고.
그저 여름인 것처럼 여름에 있어달라고.

6월의 첫날에.

달이 뜨면 한잔하자

너를 기다리고 있었다.
너는 오지 않았다.

어느 날 우연히 마주쳤을 때
왜 그리 연락하지 않았느냐며 한탄을 들었다.

너는 나를 기다리고 있었다.
나는 가지 않았다.

이제 기다리기만 하지 않을 것이다.
용기 내어 볼 것이다.

오늘 해가 지면 보자.
우리 자주 먹던 삼겹살에 소주 한잔하자.

이 말 한마디 거절당할까 두려웠나.
혹여나 번거로울까 걱정했나.

머릿속에 있는 마음들을 입 밖에 내기까지가 힘들어
내 속에서 죽은 인사들이 몇 마디인가.

생각나지 않으면 건네지 않겠다.
생각이 난다면 두려워 않고 건네겠다.

거두지 않는다고 서운해 하지도 않겠다.
너도 그리 알아라.

우리 서로 보지 않아도 저 하늘에 달을 함께 본다.
우리 서로 보지 않아도 이 마음에 건배를 건넨다.
달이 뜨면 언제고 네가 보고 싶은 줄만 알아라.

1년 후도 어제처럼

10분에 한 번씩 잔을 부딪히며 듣던 1시간의 이야기.
그곳에는 1년이 녹아있다.

보지 못한 사계절 동안 그런 일들이 있었구나.
땀을 흘리기도 했고, 눈물을 흘리기도 했구나.
만남이 있었고, 이별도 있었구나.

일주일에 한 번씩 보았다면
빠르게 잔을 부딪혀 병만 늘려갔겠지.
1시간의 이야기를 들으며 10분에 한 번씩 하품을 했겠지.
그렇지만 우리에겐 1년이 녹아있다.

실컷 떠들다 보니 어제 본 것 같구나.
별 얘기 다하고 나니 병을 늘려나가고 있구나.

다음에는 몇 년이 녹아 있을까.
10년이 녹아있어도
우린 이야기가 끝나면 또 병만 빨리 늘려가겠지.

그때는 몇 시간에 너의 10년을 녹일래?

몇 년 동안 나타나지 않아도 된다.
보지 않아도 본 것 같다.
듣지 않아도 들은 것 같다.
그렇게 살아가자.

우리 이제 한 달에 한 번 안 본다고 서운해할 때는 지났다.
나에겐 네가 여럿 생겼다.
너에게도 내가 여럿 생겼다.
이제 이해할 겨를 없어도 오해가 생기지 않는다.

우리의 술자리가 1시간 만에 끝나도,
우리는 서로의 1년을 알 수 있다.
10분에 한 번씩 천천히 잔을 부딪혀도,
우리의 이야기에 실컷 취할 수 있다.

반가웠다. 오랜 친구.
잘 가라. 서로 맘속 훤히 아는 친구.
이야기가 흥건히 녹았을 때 물기 서린 잔을 다시 부딪히자.

받아들이기 나름

작은 눈송이를 뭉쳐 던지고 놀고 싶다.
작은 눈덩이를 굴려 예쁜 눈사람을 만들고 싶다.
눈을 모아 문제 덩어리로 만들고 싶진 않다.

머리 위로 내리는 문제들을 두 팔 벌려 반긴다.
그리곤 뭉쳐 던지고 논다.
문제 덩어리를 골칫덩어리로 만들고 싶진 않다.

비가 와도 다를 바 없다.
해맑게 웃던 와중에도
우중충한 먹구름은 언제고 다가오니까.
한참동안 비바람이 몰아칠지
잠깐의 시원한 그늘을 선사하고 떠날지는 모른다.

비가 오면 무던하게 우산을 꺼내쓴다.
스쳐가는 그늘과 함께 온 바람에 몸을 맡긴다.

빌어먹을 비가 온다며 성을 내도 빗방울은 옷을 적신다.
맑던 와중에 어둠이 드리웠다며 울상을 지어도
하늘은 듣질 않는다.

눈구름도 놀자고 왔다.
비구름도 놀자고 왔다.
문제 덩어리는 자신을 풀어달라며 애원하러 왔다.

날 괴롭힐 것만 같던 놈들을 팔 벌려 반긴다.
그러자 그것들은 반갑게 안겼다.
마치 내가 처음 반기는 사람인 것처럼.

나는 그것들에게 친구가 되었다.
그것들은 나에게 놀이가 되었다.
우리는 어우러져 활짝 웃었다.

주말은 꼭 옵니다.

일요일 밤이 저물어갑니다.
창밖 풍경만큼 눈앞이 어두워져 갑니다.
화창했던 이틀의 마음에 그늘이 져갑니다.

월요일 아침의 해가 뜹니다.
어두워진 것들을 밝히려 애쓰지만 쉽지 않습니다.
야속하게도 월요일 아침은 밝기만 합니다.

반갑지 않아도 반갑다 말합니다.
좋지 않아도 좋다고 말합니다.
월요일은 그렇게 시작됩니다.

남은 평일을 무시한 채 주말만을 기다립니다.
평일을 뛰어넘고 싶어 달려보지만
월요일은 버티고 서있습니다.

어두워진 이들과 심연에 잠깁니다.
어두워진 이들과 어둠을 욕합니다.
밤과 같아진 월요일 아침입니다.

한탄과 근심이 익숙해질 때쯤,
어두워진 이들과 화창했던 주말을 나눕니다.
잃을 뻔한 햇살을 끄집어옵니다.

조금의 햇살은 5일을 살게 해줍니다.
찾아온 햇살은 5일 안에서도 빛납니다.
여전히 주말을 기다리지만
주말을 나누는 평일도 존재의 가치가 있습니다.

오늘 점심은 끝내주는 걸 먹어요.
오늘 일이 끝나면 술 한잔하며 떠들어요.
오늘은 그리 어둡지만은 않을 거예요.

점점 밝아져 갑니다.
우리의 매일은 갈수록 밝아져요.
그리고 화창한 주말과 곧 다시 인사해요.

점점 밝아질 겁니다.
어둡던 월요일은 하루면 끝나요.
그리고 화창한 주말은 꼭 와요.

어두운 매일은 화창한 나날들이 밝혀줄 겁니다.
항상 주말 같진 않겠지요.
그래도 항상 평일 같진 않을 겁니다.
그래도 평일이 항상 어둡지만은 않을 겁니다.

장마철에도 가끔은 먹구름 사이로 빛이 비칩니다.
비구름이 개면 화창한 날씨가 만연합니다.
그저 그렇게 살아가겠습니다.
그저 그렇게 밝아지겠습니다.

7년 전 메모

길을 걷다 나의 글을 읽는 사람들이 종종 보인다.
내심 좋은 마음으로 곁을 지나간다.
다시 돌아와 고맙단 인사와 자그만 선물 하나 건넨다.

발버둥 치며 벌어온 돈을 모아 작은 양조장을 구했다.
직접 술을 만들어 지인들과 나눈다.
모두가 웃는 얼굴로 소리 내어 잔을 부딪힌다.

알딸딸 해졌을 때 근처에 마련한 별장으로 향한다.
우리는 못다 한 이야기를 더한다.
그렇게 서서히 밤이 깊어 간다.

이것은 7년 전 나의 메모이다.

지금의 나는 무명작가이며 지나쳐가는 흔한 사람이다.
평일 내내 착실히 출퇴근을 하며 월세방 한 칸에 살고 있다.
때론 혼자 근처 술집에 찾아가
소주잔을 기울이며 밤을 살아간다.

알딸딸해졌을 때 비틀거리며 집으로 돌아온다.
모자란 취기를 채우려 냉장고를 뒤적거린다.
테이블 위에 쓸쓸한 노래를 튼 노트북과 캔맥주를 놓는다.

다시 글을 써 내려간다.
다시 내일을 써 내려갈 준비를 한다.
다시 7년 후의 메모를 끄적인다.

고맙게도 나의 글을 반겨주는 이들이 생겼다.
고맙단 인사와 자그만 선물 하나 건넨다.
모두와 함께 행복하게 웃는다.
우리는 지금 그대로 서로를 나누며 온기를 나눈다.

여행 왔다 생각하련다.

하루 세 끼 잘 챙겨 먹은 나흘.
고작 새끼손톱만큼 튀어나온 배때기를 때려댄다.
식욕을 틀어막지 못한 머리를 쥐어뜯어댄다.

이 배때기를 또 언제 돌려놓느냐.
식탐을 저지 못한 이 머리를 어찌해야 할까.
인내하지 못한 이 내 심신을 실컷 탓한다.

매정한 도시에 살아간다.
이 도시는 보여주기 급급하다.
이 도시는 깎아내기 급급하다.
자유로워지려 온 도시에서 나는 속박되어 가고 있다.

이럴 바에 여행 왔다 생각하련다.
지나쳐서 안 볼 사람이 그득하다.
지나치던 낯선 풍경이나 담아낸다.
자유로워지려 온 여행에서 나는 자유로워지려 한다.

하루 세 끼 잘 챙겨 먹은 나흘.
여행 왔다 생각하련다.
머리와 배를 쓰다듬는다.

보여주기만 위한 것들을 숨긴다.
깎아내리던 나 자신을 보듬는다.
매연 속에서 호흡을 가다듬는다.

제 갈 길을 가자

남들과 비교하며 선택한 길을 걸어 어찌할까.
남들 발걸음에 항상 맞춰 걸을 것인가.
나의 발걸음 속도를 맞춰갈 것인가.

나만의 길이 있다.
나만의 속도가 있다.
남들보다 험난한 길일 수도 있다.
남들보다 느릴 수도 있다.
그래도 이 길은 나의 길이다.

속도 모르는 이 뒤꽁무니만 따라가면 무얼 하랴.
느려도 험난해도 나만의 길을 걷겠다.
그리고 나만의 목적지에 다다르겠다.

저기 저 사람 가는 길 참 편해 보인다.
그렇다고 따라만 가면 무슨 의미냐.
온종일 술래 꼬리만 잡으러 다니면 재미도 없다.

험난해도 가려던 길 마저 가련다.

이 길엔 나와 같은 흉터 가득한 사람들이 동행한다.

이들과 목적지에 다다라 함께 머무르겠다.

다른 길 가던 이들은 저곳에서 행복하다.

내 목적지와 다를지라도 어딘가에 다다른 행복에 축복한다.

멈춰 있으면 벙찐 나만 덩그러니 있을 뿐이다.

계속해서 갈 길을 가자.

다다를 것이라는 믿음 묵직하게 속에 넣고 갈 길을 가자.

속 모를 길을 따라간 이들의 뒤늦은 비명만이 들릴 뿐.

이 세상이 꺼졌으면 한다.

옆자리에서 우리가 시킨 안주를 궁금해한다.
덜어주겠다고 권한다.
뭘 바라고 권한 건 아니다.

한사코 거절하는 곳에 한 줌 덜어준다.
그리곤 음료수 하나 받는다.
이걸 바라고 해준 건 아니었다.

술집에서 생일 노래가 울려 퍼진다.
함께 흥얼거리며 축하해준다.
뭘 바라고 해준 건 아니다.

웃으며 축하의 박수도 보내준다.
케이크 한 조각 받는다.
이걸 바라고 보내준 건 아니었다.

바라는 게 없다.
그저 술자리의 낭만 하나 남겼으면 했다.

비가 오면 우산을 건네준다.
짐이 많으면 하나쯤은 들어준다.

뭘 바라고 해준 건 아니다.
이 세상에 아직 정이란 게 남아있으면 했다.

실낱 하나 없어도 살 만한 세상.
그 세상이 다시 오길 바란다.
힐난하는 세상 부끄러워 숨어들어갔으면 한다.
저 구석으로 썩 꺼졌으면 한다.

바라기보다 베푸는 세상.
그 세상이 다시 오길 바란다.
뺏고 뺏기는 세상이 숨어들어갔으면 한다.
저 구석으로 썩 꺼졌으면 한다.

쓰면 시가 되고
쓰지 않으면 시가 되지 않습니다.

먹고 싶은 음식을 먹으면 훌륭한 식사가 됩니다.
먹지 않아도 누군가는 식당에 가 그 음식을 시켜 먹겠죠.
누군가에게는 단순한 끼니가 되더라도 결국 식사가 됩니다.

술을 마시고 싶은 날 술을 마시면 훌륭한 밤이 됩니다.
마시지 않아도 누군가는 술집에 가 그 술을 시켜 마시겠죠.
누군가에게는 습관 같은 한잔이라도 결국 밤을 보냅니다.

그런데요.
내가 먹는 음식과 누군가의 음식은 다르더라고요.
내가 마시는 술과 누군가의 술은 다르더라고요.

만나고 싶은 사랑에 도전하지 않으면 이뤄지지 않습니다.
도전하면 어찌 됐건 혼자 앓던 마음이 풀어집니다.
도전하지 않으면 다른 이와의 사랑을 지켜보기만 합니다.

해장

쓰고 싶은 글을 쓰지 않으면 글이 되지 않습니다.
쓰면 어떠한 글이 됩니다.
쓰지 않으면 기억에서 떠나가기만 합니다.

거절당할까 두렵나요.
평가받을까 두렵나요.
세상에 내놓지 않는 이 마음들은
나오지 못할까 두려워합니다.

아직 열쇠를 찾지 못했나요.
열쇠는 품 안에 있습니다.
찾는 데 얼마나 걸릴지,
어떤 열쇠가 구멍에 맞는지 모를 수 있습니다.

버리지만 마세요.
언젠가 구멍에 맞는 열쇠를 찾아 문을 열 겁니다.
마음을 열어 사랑합시다.
생각을 열어 글을 씁시다.

내 안에 있던 것들의 문을 열어 세상을 마주합시다.

메리 크리스마스

'메리 크리스마스 2022년 12.24日'
오래된 술집에 앉자 벽에 보이는 어느 날의 인사말.

날짜를 표기한 방법은 제각기지만
'메리 크리스마스'로 통하는 인사말.
그리고 그 아래 쓰인 '아들과 함께'

보쌈에 막걸리 한잔하자고 들어온 이곳에는
어떤 부자(父子)가 자리했다.
화려하지 않은 이곳에서 둘은 아늑하게 자리했겠다.
아늑하게 자리한 이곳에서 둘은 취해갔겠다.
아버지와 아들은 잔을 부딪혀 그날을 써 내렸다.

저는 잘 모릅니다.
아버님이 어떻게 사셨는지, 아드님과 사이가 좋으신지.
두 분은 아직도 이곳에 있던 것처럼 아늑히 계신지.

저는 알겠습니다.
그날 밤은 남부럽지 않게 행복했다는 것을.
크리스마스이브의 밤은 참으로 따뜻했다는 것을.

아무 자리에 앉은 술집 벽의 낙서를 보며 인사를 건네고,
알지도 못하는 사람들의 순간에 행복을 느낀다.
멀리하지 않아도 될 것들을 멀리하며 살았나보다.
멀리 있지 않은 것들을 멀리 있다고 생각했나 보다.

그저 아버지와 보쌈에 막걸리 한잔하면 될 것을.
그저 친구들과 허름한 술집에서 잔을 부딪히면 될 것을.
뭐가 그리 바쁘다고 가족을 멀리했나.
뭘 그리 신경 쓴다고 친구를 멀리했나.

한잔하고 술집 벽에 낙서나 하면 웃을 날들이다.
특별한 날에 평범한 안주를 먹어도 웃을 날들이다.
그리도 춥던 12월을 따뜻하게 만들 날들이다.

잊었던 사람들에게 인사를 건넨다.
당연하게 생각했던 날들에게 인사를 건넨다.

'메리 크리스마스'

매일의 숙취

하루하루를 살아가다 보면
감당하기 어려운 숙취는 수시로 다가온다.

나날의 해장

숙취를 이겨내기 위한 나날이 이어진다.
마침내 이겨내어 다시 매일을 살아간다.

술을 빙자한 인생 이야기

어떤 날 술을 마시나요?
즐거울 때 마시는 이도, 슬플 때 마시는 이도 있습니다.

숙취는 어떤가요?
머리가 아픈 이도, 속이 안 좋은 이도 있습니다.

그 힘든 나날 어떻게 버티시나요?
해장거리를 찾아다니는 이도,
아무것도 하지 못하는 이도 있습니다.

해장은 무엇으로 하시나요?
해장국을 먹는 이도, 느끼한 음식을 먹는 이도 있습니다.

저는 비 오는 날 마시는 걸 좋아합니다.
술을 많이 마신 다음 날에는 온몸이 부어 뜨겁습니다.
찬물로 샤워를 하고 소파에 누워 해장거리를 찾습니다.
그리고 나선 얼른 순댓국을 챙겨 먹습니다.

저마다 술을 마시고 싶은 날이 다르고,
숙취의 정도와 형태도 다르며,
숙취를 받아들이고 해장해나가는 과정도 다릅니다.

이렇듯,
모두의 매일이 같을 수는 없습니다.
그렇기에 모두의 나날이 같을 수도 없고요.
인생은 제각기의 모양입니다.

인생을 즐기는 방식도, 고통이 찾아오는 시간도,
고통을 이겨내는 과정도 모두가 다를 겁니다.

다만 당장 오늘이 힘겨워도 해장을 바라고 살았으면 합니다.
모든 게 달라도 다가올 내일을 살아가야 한다는 건 같습니다.

좋았던 매일을 이어 나날을 살아갑시다.
그렇게 인생을 살아갑시다.
그리고 곧 다시 잔을 부딪힐 그때 웃으며 인사합시다.

잔주

이제 한잔하러 갈 시간입니다.

JANJU